Dinosaurios por diseño

LOS DINOSAURIOS CON CUERNOS

CLASIFICACIÓN POR VELOCIDAD, FUERZA E INTELIGENCIA

MARK WEAKLAND

BLACK RABBIT BOOKS

Bolt es una publicación de Black Rabbit Books
P.O. Box 3263, Mankato, Minnesota, 56002.
www.blackrabbitbooks.com

Jennifer Basel, editora;
Catherine Cates, diseñador del interior;
Grant Gould, diseñador del exterior;
Omay Ayres, investigación fotográfica
Traducción de Travod, www.travod.com

Información del Catálogo de publicaciones de la Biblioteca del Congreso
Names: Weakland, Mark, author.
Title: Los dinosaurios con cuernos : clasificación por velocidad, fuerza e inteligencia / por Mark Weakland.
Other titles: Horned dinosaurs. Spanish
Description: Mankato, Minnesota : Black Rabbit Books, [2020] | Series: Bolt. Dinosaurios por diseño | Audience: Age 8-12. | Audience: Grade 4 to 6. | Includes bibliographical references and index.
Identifiers: LCCN 2018053566 (print) | LCCN 2018056535 (ebook) | ISBN 9781623102210 (ebook) | ISBN 9781623102074 (library binding)
Subjects: LCSH: Ceratopsidae--Juvenile literature.
Classification: LCC QE862.O65 (ebook) | LCC QE862.O65 W434418 2020 (print) | DDC 567.915--dc23
LC record available at https://lccn.loc.gov/2018053566

Impreso en los Estados Unidos de América

Créditos de las imágenes

Alamy: Frederick Matzen, 20–21; Stocktrek Images, Inc., 11, 15 (s); Palaeocritti.com/commons.wikimedia. org: NobuTamura, 15 (pd); Science Source: Kurt Miller/Stocktrek Images, 24; Mark Hallett Paleoart, 4–5; Mohamad Haghani, 23; Walter Myers, Cover; Shutterstock: 90miles, 17, 22 (huellas); Anton_Ivanov, 32; Catmando, 12 (Diabloceratops), 29 (Styracosaurio y Torosaurio); DM7, 1, 16–17 (dino); Eric Isselee, 15 (pm); ExpressionImage, 12–13 (T. rex); Herschel Hoffmeyer, 6–7, 12 (fondo), 16 (fondo), 29 (Triceratops), 31; Michael Rosskothen, 3, 26–27 (izquierda dinos), 27 (d); Vlad Klok, 15 (pi); Vorobiov Oleksii 8, 8–9; Superstock: Stocktrek Images, Inc., 18–19

Se ha hecho todo esfuerzo posible para establecercontacto con los titulares de los derechos de autor del material reproducido en este libro. Cualquier omisión será rectificada en impresiones posteriores previo aviso a la editorial.

CONTENIDO

CAPÍTULO 1

Cuernos, escudos y PODER

Se escuchan fuertes y retumbantes ruidos de choque en el bosque. Dos dinosaurios con cuernos están luchando. Sus largos cuernos crujen cuando chocan entre sí.

Los dinosaurios con cuernos no tenían grandes garras ni dientes afilados, pero eran grandes y fuertes. Sus cuernos y **escudos** los protegían de **depredadores** y de otros dinosaurios con cuernos.

Grandes herbívoros

Los dinosaurios con cuernos vivieron hace unos 100 a 65 millones de años. Algunos eran del tamaño de vacas. Otros eran tan grandes como los elefantes. Al igual que las vacas y los elefantes, comían plantas.

Los científicos han encontrado muchos **fósiles** de dinosaurios con cuernos. La mayoría de sus fósiles se han encontrado en América del Norte. Pero algunos se han encontrado en Europa y Asia.

LUGARES DONDE SE HAN ENCONTRADO ALGUNOS FÓSILES DE DINOSAURIOS CON CUERNOS

EUROPA
Ajkaceratops

Comparemos a los DINOSAURIOS

Torosaurio

El Torosaurio era un animal poderoso. Podía combatir a los grandes carnívoros. Era más grande que un elefante. Su escudo era enorme. Y sus patas gruesas lo ayudaban a mantenerse en pie cuando era atacado.

DATOS DESTACADOS

LONGITUD	hasta 25 PIES (8 METROS)	CANTIDAD DE CUERNOS EN LA CARA: 3
PESO	hasta 18.000 LIBRAS (8.165 KILOGRAMOS)	

Diabloceratops

Hubiera sido aterrador ver al Diabloceratops. Tenía dos grandes cuernos sobre sus ojos. También tenía dos púas que se elevaban de su escudo ubicado en el cuello. Las púas y el escudo hacían que este dinosaurio se viera **feroz**. Un carnívoro hambriento probablemente lo miraría y pensaría: "No, gracias".

DATOS DESTACADOS

PESO
2.000 a 4.000 libras (907 a 1.814 kg)

LONGITUD
alrededor de 18 pies (5 m)

CANTIDAD DE CUERNOS EN LA CARA
2

Ajkaceratops

Este pequeño dinosaurio no tenía cuernos grandes, pero de todos modos es parte de la familia de los dinosaurios con cuernos. Tenía un duro "pico". Todos los dinosaurios con cuernos tenían este tipo de boca.

COMPARACIÓN DE PESOS PROMEDIO

DATOS DESTACADOS

LONGITUD	alrededor de 3 PIES (1 M)
PESO	30 a 40 LIBRAS (14 a 18 KG)
CANTIDAD DE CUERNOS EN LA CARA	0

BULLDOG	ZORRO ROJO	AJKACERATOPS
40 a 50 LIBRAS (18 a 23 kg)	6,5 a 24 LIBRAS (3 a 11 kg)	30 a 40 LIBRAS (14 a 18 kg)

Einiosaurio

Dos púas grandes salían del escudo de este dinosaurio. Pero el cuerno de su **hocico** era realmente diferente. Su cuerno se curvaba hacia el suelo. Quizás este dinosaurio lo usaba para pelear. Tal vez **atraía** a las hembras.

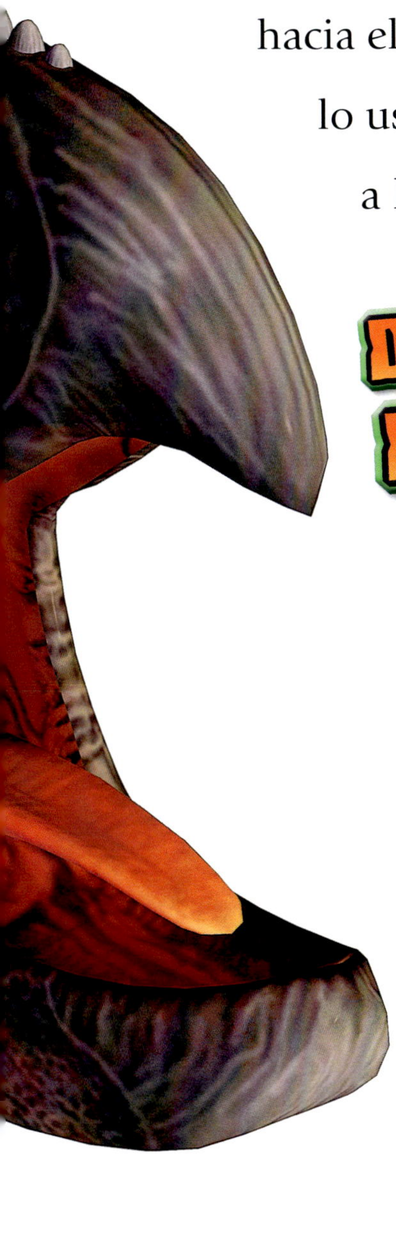

DATOS DESTACADOS

PESO
2.000 a 3.000 libras (907 a 1.361 kg)

LONGITUD
alrededor de 20 pies (6 m)

CANTIDAD DE CUERNOS EN LA CARA
1

Triceratops

El Triceratops es probablemente el dinosaurio con cuernos más famoso. Su nombre significa "cara de tres cuernos". Sus cuernos eran largos. Sus patas eran poderosas. Su escudo estaba hecho de hueso grueso. Si el Tiranosaurio rex lo atacaba, el Triceratops estaba listo.

DATOS DESTACADOS

PESO	LONGITUD	CANTIDAD DE CUERNOS EN LA CARA
11.000 a 15.750 libras (4.990 a 7.144 kg)	hasta 30 pies (9 m)	3

CARACTERÍSTICAS DEL TRICERATOPS

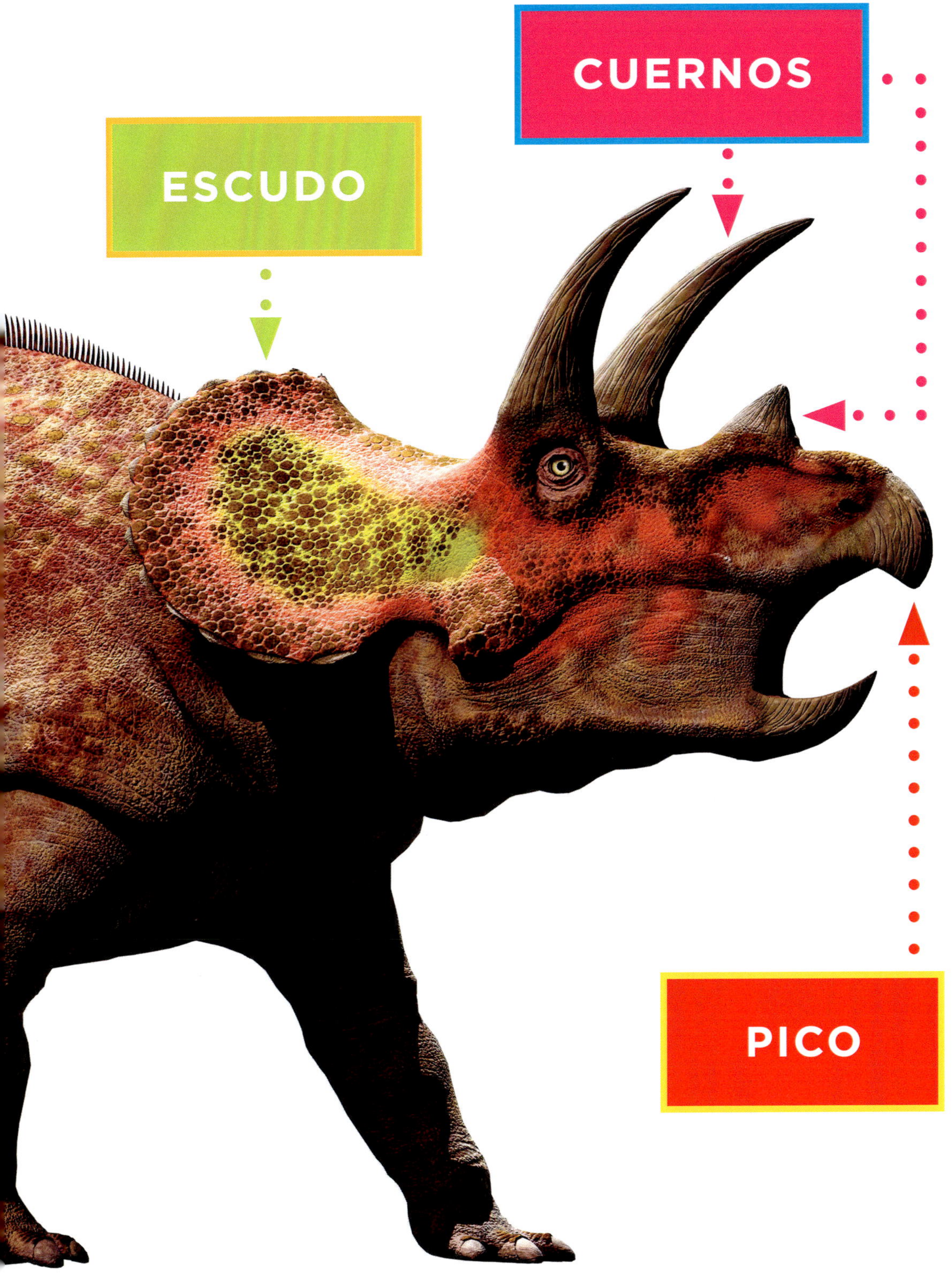
CUERNOS
ESCUDO
PICO

Leptoceratops

El Leptoceratops era un dinosaurio con cuernos más pequeño. Sus patas delanteras eran más cortas que sus patas traseras. Algunos científicos creen que este dinosaurio podía caminar sobre sus patas traseras. Tal vez podía huir de los depredadores.

Los dinosaurios con cuernos solían moverse lentamente. Pero podían moverse con ráfagas de velocidad. Los científicos creen que algunos podían correr tan rápido como un rinoceronte. La velocidad máxima de un rinoceronte es de hasta 40 millas (64 kilómetros) por hora.

Puede ser que su escudo se volviera rojo para atraer a la hembra.

Estiracosaurio

El Estiracosaurio era un dinosaurio con muchas puntas. Seis púas principales salían de la parte superior de su escudo. De los lados le salían púas más pequeñas. Es posible que las púas hayan ayudado a los machos a atraer a las hembras.

También tenía un cuerno horrible en el hocico. El cuerno puede haber sido utilizado para pelear. Algunos científicos piensan que los machos peleaban para **aparearse** con las hembras.

DATOS DESTACADOS

LONGITUD	alrededor de 18 PIES (5 M)	CANTIDAD DE CUERNOS EN LA CARA 1
PESO	alrededor de 6.000 LIBRAS (2.722 KG)	

CAPÍTULO 3

Larga vida a los DINOSAURIOS

Los dinosaurios con cuernos se movían lentamente la mayor parte del tiempo, pero eran grandes y poderosos. Sus escudos y cuernos les ayudaban a **sobrevivir**. Y sobrevivieron. Los dinosaurios con cuernos vivieron en la Tierra durante millones de años.

¡COMPÁRALOS!

Clasifica los dinosaurios de este libro. Luego ve a buscar información sobre otros dinosaurios con cuernos. ¿Cómo se comparan?

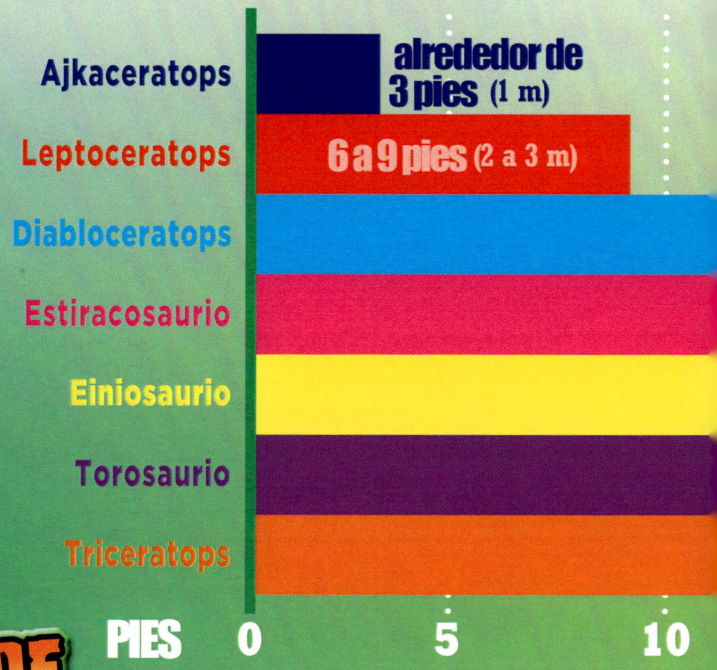

CANTIDAD DE CUERNOS EN LA CARA

LONGITUD

PESO

Torosaurio
hasta 18.000 libras
(8.165 kg)

Triceratops
11.000 a 15.750 libras
(4.990 a 7.144 kg)

Estiracosaurio
6.000 libras
(2.722 kg)

aparearse: unirse para producir cría

atraer: hacer que alguien o algo quiera o deba estar cerca de uno mismo

escudo: pelo o hueso alrededor del cuello de un animal

depredador: animal que se come a otros animales

feroz: fuerte o intenso

fósil: los restos o rastros de plantas y animales que se conservan en forma de roca

hocico: la parte sobresaliente de la cara de un animal que incluye la nariz o la nariz y la boca

sobrevivir: permanecer vivo

ÍNDICE